VENTE

HOTEL DROUOT — SALLE N° II

Le Lundi 6 Février 1905

A 2 HEURES 1/4

MEUBLES ANCIENS

et de styles

BRONZES - SCULPTURES - PORCELAINES

Bijoux - Tableaux

TAPISSERIE

Mᵉ Eug. THOUROUDE	**M. Arthur BLOCHE**
COMMISSAIRE-PRISEUR	EXPERT PRÈS LA COUR D'APPEL
32, rue Le Peletier, 32	*51, rue Saint-Georges, 51*

EXPOSITION PUBLIQUE

Le Dimanche 5 Février 1905, de 2 h. à 5 heures 1/2

———

C. CHAUFOUR

8-10, RUE MILTON, 8-10

PARIS

———

CONDITIONS DE LA VENTE

La vente sera faite au comptant.

Les acquéreurs paieront *dix pour cent* en sus des prix d'adjudication.

Aucune réclamation ne sera admise une fois l'adjudication prononcée.

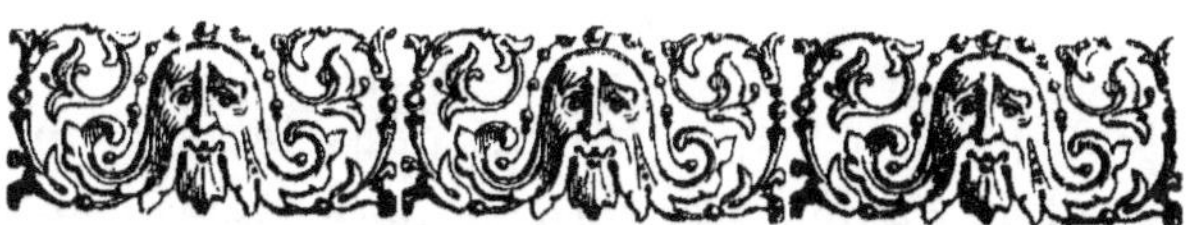

DÉSIGNATION

MEUBLES

1 — Grand bureau plat en bois de rose et palissandre, garni de bronzes ciselés et dorés, avec
écoinçons à bustes de femmes sur volutes,
dessus en cuir. Style Régence.

2-4 — Six fauteuils en bois sculpté et laqué
blanc, couverts en soie crème, brodée à cor-
beilles et rinceaux fleuris. Style Louis XVI.

5 — Régulateur de style Louis XVI en bois de
rose, orné de bronzes ciselés et dorés, à guir-

landes de fleurs et offrant dans le haut un groupe d'amours en bronze doré couronnant le cadran.

6 — Chiffonnier-secrétaire style Louis XV, tiroirs et glace à l'intérieur, bois de rose et marqueterie.

7 — Secrétaire style Louis XV en bois de rose.

8 — Commode style Louis XVI, en bois de rose.

9 - Bureau en acajou. Style Empire.

10 — Chaise à porteur, d'époque Louis XV. Décor à sujets allégoriques.

11 — Bahut en bois sculpté. Style XVIe siècle.

12 — Grand coffre gothique en bois sculpté.

13 — Bahut en bois sculpté, style Henri II.

14 — Table à thé en bois de placage, style XVIIIe siècle.

15 — Petite table en bois de rose garnie de bronzes et ornée de plaques en porcelaine à décor de volatiles. Style Louis XV.

16 — Étagère en bois noir sculpté de Chine.

17 — Petite vitrine d'enfant forme chaise à por-

teurs recouverte de satin brodé.

18 — Support en bois noir sculpté à têtes d'éléphants.

19 — Meuble d'appui en bois satiné. Epoque Louis XVI.

20 — Encoignure en marqueterie Louis XIV.

21 — Table à ouvrage Louis XV en bois de placage.

22 — Bibliothèque Louis XVI en marqueterie de bois de rose.

23 — Commode Louis XV en marqueterie.

24 — Meuble demi-lune Louis XVI en marqueterie de bois.

25 — Bureau de style Louis XIV en marqueterie
orné de bronzes dorés.

26 — Piano droit en palissandre, de RINALDI.

27-28 — Deux glaces d'entre-deux en bois
sculpté, de style Louis XVI.

29 — Banquette en bois sculpté et doré, foncée
de canne.

30 — Secrétaire Louis XVI, orné de bronzes.

31 — Poudreuse en bois de rose, garnie de
bronzes.

32 — Ecran en bois sculpté.

33 — Fauteuil Louis XIV ancien en bois sculpté,
foncé de canne.

34 — Bergère en bois sculpté.

35-36 — Deux bois de tabourets sculptés.

37 — Piano droit en bois noir.

38 — Table de salle à manger en noyer sculpté.

OBJETS D'ART

39 — Paire de beaux vases en émail cloisonné
de la Chine, décor aux dragons à cinq griffes
sur fond bleu turquoise, montures en bronze
fumé de style chinois.

40 — Groupe en terre cuite. Bacchante enlevée
par un Faune, de CARRIER-BELLEUSE.

41 — Deux potiches en porcelaine de Chine,
fond rose gravé, décor à médaillons de dragons verts.

42 — Buste en bronze: Napoléon I. Patine foncée.

43 — Deux vases avec figures d'enfants en relief en Satsuma décor à personnages.

44 — Buste en terre cuite : Velleda, signé, Carrier-Belleuse.

45 — Buste en terre cuite : Les Roses, signé : Carrier-Belleuse.

46 — Brule-parfums en émail cloisonné de Chine forme boule décor à fleurs et papillons sur fond bleu turquoise.

47 — Paire de grands vases en porcelaine, de Chine à pans, décor à objets d'ameublement.

48 — Deux candélabres formé de deux gourdes en porcelaine de Chine montures en bronze doré de style Louis XVI.

49 — Pichet en grès décor gravé par enlevage à rayures et rosaces xviie siècle.

50 — Aiguière de pharmacie en terre cuite émaillée bleue et inscriptions.

51 — Buste en marbre blanc de Carrau et jaune de Syrie : Rebecca.

52 — Buste en bronze : Madame Récamier.

53 — Aiguière et bassin en faïence de Niederviller décor de paysages en camaieu rose.

54-58 — Cinq sculptures japonaises : Artisans.

59 — Paire de potiches en porcelaine décor en polychrome.

60 — Deux vases en porcelaine de Chine décor aux guerriers.

61 — Deux vases en émail cloisonné du Japon.

62 — Paire de vases en porcelaine de Chine décor en bleu.

63 — Vasque ou jardinière en porcelaine à décor d'oiseaux.

64 — Deux bouteilles en porcelaine de Chine.

65 — Garniture en porcelaine à personnages.

66-75 — Dix pièces en céramique de Pull.

76 — Plat en faïence décorée tête de Reitre.

77 — Pendule en marqueterie de cuivre sur fond d'écaille.

78 — Coupe en porcelaine du Japon montée en bronze.

79 — Guitare.

80 — Paire de vases en porcelaine avec bouquets de lumière en bronze doré.

81 — Paire de vases en porcelaine décorée, de Jacob Petit.

82 — Buste en bronze : Pensive, de Lanzerotti.

83 — Brule-parfums en bronze finement ciselé. Travail de Chine.

TABLEAUX

84 — BOURGUIGNON (Ecole de). Scène de
bataille.

85-88 — ECOLE FRANÇAISE DE XVIIIᵉ SIE-
CLE. La petite fille au chat. La petite fille au
lapin. La pe'ite fille à la cage. La petite fille à
la colombe, suite de quatre petites peintures
sur papier cadres ovales en bois doré de
l'époque.

89 — ECOLE ITALIENNE. Marine.

90 — ECOLE MODERNE. Les Peintres.

91-94 — ECOLE MODERNE. Suite de quatre
tableaux représentant des paysages et scènes
de genre.

95 — ECOLE DU XVIIIᶜ SIECLE. Portrait de
femme.

96 — ECOLE DU XVIII^c SIECLE. Dessus de porte.

97 — INGRES (D'après). La Source.

98 — TÉNIERS (Genre de). Scène flamande.

99 — Portrait de Napoléon Ier en costume du Sacre. Gravure.

100 à 105 — Suite de six gravures en couleurs à sujets du XVIIIe siècle, dans des cadres en bois sculpté.

105 à 110 — Suite de six autres gravures en noir.

111 — Gravure. Le serment du jeu de paume.

BIJOUX, FOURRURES

112 — Bague en or enrichie de trois saphirs et de roses.

113 — Bague en or ornée d'une turquoise fine.

114 — Epingle de cravate en or enrichie de perles fines.

115 — Epingle de nourrice forme trèfle ornée de perles fines.

116 — Paire de boutons d'oreilles en or ornés de camées.

117 — Bague en or enrichie d'un brillant.

118 — Trois boutons de chemise en or, ornés de perles fines.

119 — Chaine en or enrichie de huit perles fines avec pendentif orné de perles, roses et rubis.

120 — Paire de pendeloques en argent, enrichies de topazes.

121 — Paire de boutons d'oreilles en or enrichis de deux brillants et de deux perles.

122 — Bracelet en or orné de cinq rubis et de diamants.

123 — Bague marquise enrichie debrillants et de roses.

123 — Bague Louis XVI en or émaillé vert et enrichie de diamants.

125 — Sautoir en or orné de saphirs, rubis et pierres fines.

126 — Bague marquise en or enrichie de brillants.

127 — Bague ancienne en or ornée de diamants.

128 — Montre de dame or remontoir enrichi de diamants.

129 — Bague en or ornée d'un rubis entouré de diamants.

130 — Bague en or enrichie de deux perles rubis saphirs et diamants.

131 — Bague en or forme carrée enrichie d'un saphir avec double entourage en diamants.

132 — Bague en or ornée d'une opale entourée de diamants.

133 — Bague en or quatre corps enrichie de brillants, rubis et roses.

134 — Bague en or ornée d'une perle entourée de
diamants.

135 — Deux boucles d'oreilles en or perles entou-
rées de diamants.

136 — Epingle de cravate or et platine, perles et
brillant.

137 — Bracelet or enrichi de rubis et de diamants.

138 — Sautoir vermeil formé de plaquettes.

139 — Coffret à bijoux couvercle orné d'une mi-
niature.

140 — Glace à main biseautée ornée d'une minia-
ture.

141 — Deux carrés de Rao Joung.

142 — Deux carrés de loutre de rivière.

143 — Cravate en martre.

144 — Renard argenté.

145 — Deux renards blancs.

146 — Couverture de voyage en peluche.

TAPISSERIES, TAPIS

147 — Tapisserie ancienne à personnages.

148 — Suite de quatre panneaux en tapisserie orientale.

149 — Tapis d'Aubusson à fleurs sur fond crème.

150 — Objets omis.